JN440780

사랑할 사람

김혜원金惠媛

인문학자, 시인.
연세대학교 불어불문학 학사와 석사,
경희대학교 국어국문학 박사과정수료.
香港大學과 香港城市大學에서 한국어학 창설과 주임교수 역임.
東亞細亞文化硏究中心 所長, 韓中文學比較硏究會 香港會長.
홍콩의 대표적 문학평론지《香港文學》과《文學評論》등에
언어와 문화 관련 논문을 다년간 연재하고 있다.

김혜원 시집

사랑할 사람

초판 인쇄 2011년 8월 20일
초판 발행 2011년 8월 25일

지은이 김혜원
발행인 한정희
발행처 경인문화사

서울특별시 마포구 마포동 324-3
전화 02-718-4831 **팩스** 02-703-9711
www.kyunginp.co.kr / 한국학서적.kr

ISBN 978-89-499-0798-7 03810
값 8,000원

김혜원 시집

사랑할 사람

2000-2010

경인문화사

차 례

사랑할 사람

느린 사람을 만나고 싶다
말투도 좀 느린감이 있고
행동도 빠르지 않은
느린 사람을
햇살이 따사로운
오래된 좁은 길목 돌계단에
나란히 앉아
느릿느릿 얘기를 하고 싶다

선한 사람을 만나고 싶다
천박한 물욕이 없는
어리석은 시기심이 없는
사나운 이기심이 없는
그래서 제 몸을 갉아먹지 않는
그래서 마음이 평화로운
선한 사람을 만나고 싶다

알맞게 눈물이 있어
타인에 목석같지 않은
때론 궁지의 행인을 위해
제 손을 더럽혀도 개의치 않는
풋설은 열성에도
그냥 빙긋이 웃어 넘길 줄 아는
온화한 사람을 만나고 싶다.

두려워하지 말라

두려워하지 말라

그들은 예술가이어서 무절제한 게 아니고
그들에겐 예술이 일상이기에
예술이 아닌 世上事에 서툴 뿐이다
일상의 世上事가 두려운 것이다

그러나, 두려워하지 말라
삶도 예술도
진실을 표현하는 것을
두려워하지 말라

혼자 되는 것을
두려워하지 말라.

희망

사람을 감동시키는 건
따뜻한 배려
그가 항시 그러하듯
그런 그를 보면 나도 그리되듯

멀리 있어도
느껴지는 정겨움
그래 스믈 스믈 밀려드는 그리움
이내 가슴 울렁이게 만드는
따스함.

이런 때도

부슬부슬 비가 내린다 한국의 쌀쌀한 봄날
마냥 한바탕 지나간 몸살 며칠동안이었나
많이 평화로와진 마음 얼마나 노력했던가
이젠 별 의욕은 없지만 무난한 하루하루 아무것에도
기대하지 않는 법을 배워야겠다 그래야만 실망이
없으니 그래야만 괴로움이 없을테니 안타까움이
없을테니 오해일망정 분노가 없을테니 그래서 마음은
편할테니 괴로움이 자국을 남길까 두렵다

사랑

괴로운 사람들은
사랑때문이다
마음이 너무
울적하고
무겁고
답답해서
숨쉬기조차
힘
겨
운

가슴미어짐

다

내탓이다

내 잘못이다

이렇게 괴로운 건

다

사랑때문이다.

흐름

슬픔
모르면 좋았을 것을
괴로움
많은 에너지가 소모되는
가장 피해야 할 감정 상태
고민
이 아득한 생각의 굴레에서 탈출해야 할
숨 고르기

숯덩어리이기도
타오르는 불안이기도
깊은 심연이기도

아득한 슬픔에 내맡겨야 한다
그래 검디검은 바닥에 닿아야 한다
至高의 침묵으로

기다려야 한다

不純이

백기를 들 때까지.

억센 감동

그녀는 아주 조용한 여자였다
조신하고 평범해 뵈기까지 하여 지극히 그런 점이
예측 못한 감동을 줬다 아, 이런 여인도 있구나
내가 아는 대단한 여자들은 유명한 남자를 남편으
로 뒀건만 그는 집안에 무심하여 생사의 모든 일들을
혼자 떠맡고 참으며 분노하며 억세게 살아야 했던
그래서 이제 사랑이란 낯설고 무색해진 중성이 되어
버린 여자들이었다 헌데 그녀는 여전히 여자로 남아
있었다 두렵고 서러운 모진 어려움 속에서도 여전히
여자를 지켜준 건 무쇠 같은 남자의 커다란 손
뚝심의 形體無限의 가슴이었다

모든 감동에는 억세게 조용한 인내가 있다.

같이 여행하기 좋은 사람

베르나르 올리비에를
온전히 이해한다
프랑수와가 양고기는 질색이라 했을 때
음식에 까다롭진 않지만
무언가에 심히 예민한 사람에 대한
은근히 이어지는
기분 나쁜 걱정
어떤 대상에 대해
신경이 곤두서는 사람에 대한
일종의 불신

여행의 동반자란
내 몸의 일부분 같아서
그곳이 육체적으로든 정신적으로든
넉넉히 건강치 못하면

온 여정 자체가
불안해진다

그토록 아련하게만 느껴지던
십 년만의 서울 여행이
그리 쓸쓸하게 되는 건
미지에 대한 어렴풋한 흥분으로
설레던 남원 전주가
그리 설익게 상처가 되는 건

한적하고
소박하지만 풍요로움이 아련한
그런 여행에는
조용한 사람을
깊은 사람을
선한 사람을
동반해야 한다
누군가와 같이 하고 싶다면 말이다

그는 말이 너무 많았다.

그는 거기에 없다

나는 그를 좋아하지 않는다
그의 詩를 좋아할 뿐이다
그들의 온화함을
정직함을
진지함을
재능을
그가 그들 속에 숨어 있는지도 모르겠다
다만 그런 듯이 强하지 못할 뿐

나는 세상에 대한 그의 태도를 좋아하지 않는다
그는 정직이 더 강하다는 것을 믿지 못한다
진지함이 마음을 움직인다는 것을 믿지 못한다
결국은 善이 탐욕을 이긴다는 것을 믿지 못한다

아마도 그가 믿지 못하는 것은 자신일지도 모른다
나는 그를 좋아하지 않는다
그의 詩를 좋아할 뿐이다

그가 거기에 있기를 바랄 뿐이다.

敬畏

친구여
저 대양을 보아라
우리의 비겁을
한입에 집어 삼키는
저 대양을

저 창공을 보아라
우리의 허영을
남김없이 빨아들이는
저 창공을

친구여
저 거대한 자연을 보았나
그 큰 포용으로
우리의 소심을 감싸 안는
저 자연을

그 앞에서
복받치는 경외로 감히
외마디조차 발 할 수도
한 걸음조차 움직일 수도
없었다.

그 사람

착한 마음을 이길 수 있는 것은
아무것도 없다
모든 탐욕이
애처롭다
흔들림과 번민이
無用하다
그것이 아름다움에서 온 것이 아니라면
눈물도
소용없다

모든 사악함이
絶對 善 앞에서
힘을 잃는다
형체 없이
무너진다.

인간은 두 종류로 나뉜다

눈으로 보는 이와 마음으로 보는 이
무례한 사람과 배려하는 사람
사랑이 있는 자와 불행한 자
과시하는 이와 자연스러운 이
좋은 책을 발견한 사람과 아직도 없는 사람
비방에 휘둘리는 자와 당당한 자
침착한 사람과 조급한 사람
술 멋을 아는 이와 모르고 마시는 이
자기 성찰을 하는 자와 고집부리는 자
긍정적으로 만드는 이와 부정적으로 파괴하는 이
행복을 유혹할 수 있는 건 善뿐이라는 것을
아는 이와 결코 모르는 이.

사랑할사람

그가 마카오 가던 날

내내 주위에 있을 땐
무덤덤하더니
한 이틀 집 떠난다는 말에도
그리 낯설지는 않았는데
그이 문간에서 신발 신는 순간부터
내 가슴이 이상해졌다

비행기 타고 떠난다는 생각만으로도
홍이 나
혼자 남겨지는 사람에겐
아랑곳 없었는데
그래 그는 떠나면서 미안한 척이라도 해 달라며
공항 버스 냉큼 오르는 내게 못내
서운해 했었는데

이런 마음이었구나

가슴이 울렁이고
무릎부터 뜨거운 것이 올라 오더니
코끝으로 열이 몰리고
콧물이 흐르더니
눈물로 앞이 어른거린다

계단 내려 가는 소리

미니 버스 기다리는 그를
창으로 몰래 훔쳐 보며
울먹이는 가슴을 진정시켰다

그이 집 떠난 지 겨우
한 시간 넘었는데
빈 자리엔 그리움만
가득하다

그이 마카오 가던 날.

기도

얼마 동안이나마
당신에게 품었던
부정적인 생각들에
얼마나 미안한지
가슴이 아픈지
곱고 다정하기만 했던
당신인데

인간은
너무도 간사해
잠시도 생각에
쉼을 두지 못하고
그러려니
그럴만한 사정이 있으려니
다독여야 했는데

불안도
한 가닥의 의심도
그것들은 그런 대로
흘려 보내고
당신의 그 착한 마음은
가슴으로 품어야 했는데

얼마나 놀랐을까
얼마나 당황했을까
눈물 복받칠 것 같던
당신의 떨리던 목소리

며칠을 잠 못 들고도
그것이 내 탓이 아닌 양
다른 일 때문인 양
그렇게 여전히
다정히 말해주는
당신

이 애뜻한 마음이
당신을 온전히
치유해 주기를
그 어두움 속에서
얼마나 견디기 힘들었을까
생각만 해도
눈물이 복받치는데

어머니를 위해서라도
나를 위해서라도
당신은 치유되어야 한다

치유되어야 한다.

백지

不足한 이에게 足함을 강요할 자격이 있는가?

준비되어 있는가?

내게 평화와 믿음이 준비되어 있는가?

숨어사는 아련한 美人 얘기

정말인 아름다운 얘기를 보고 싶다.

사욕이 가면 쓰고 사회 사업하는 얘기 아닌
질투와 거짓이 우둔에 교태 하는 얘기 아닌
초라한 과업들 천박한 종이 포장에 분주한
그래서 공헌 지대하다는 어느 나태한 기자의
오류투성이 기사가 아닌

구린내 끈적한 욕망 범벅의
매일 개최되는 탐욕의 잔치에 무심히
싸구려 법석에서 멀리 떨어져

소외된 부분과 상처난 자리를
정직한 붕대로 오랜 동안 보듬안아
뽀오얀 새살 돋게 하는
아름다운 얘기를 보고 싶다

진짜인 얘기를 듣고 싶다
숨어사는 아련한 美人 얘기를.

사랑할사람

고백

진지한 능력이 있는 사람
현명한 사람
아주 착한 사람
그 외는 다
가짜다.

사랑할 사람

아는 여자

난 알았다
왜 그녀가 그런 옷을 입었는지
미소년마냥 짧게 깎은 머리에서
목의 첫 단추부터 야무지게 잠근 채 하얀 컬러
칠부소매의 연 회색 미니 원피스는
단정한 여자의 전형을 보여주며
여지없이 노골적으로
몸의 윤곽을 투명하게 드러낸다
난 알고 있다
그녀가 왜 그리하는지
만 스무 살 처녀의 배는 통통했고
앉은 자세 접힌 뱃살은 정확히 삼등분으로
사십이 훨씬 넘은 내 것과 차이가 없었다
불현듯
유행은 무엇이 문제가 아니라

누가 하느냐가 관건이다
라는 直言을 환기시킨다
드러냄.
몸부림 치는 빨강의 유혹을 겨눈 부풀려진 금발도
새침한 보라의 늘씬한 긴 머리도
싹둑 깎은 미소년 짙은 갈색 머리의
목까지 마감 단추한
울룩불룩 통통한 뱃살 그대로의 그녀 앞에서
아무것도 아닌 것이 되어 버렸다
그녀는 意圖했다
魔力이다.

어떤 아침

앙상한 고목 가지에 붉은 꽃 싹이 돋았다
잊지 않고 무시하지 않고
꼬박꼬박 물을 주었을 뿐이다
이렇게 귀여운 붉은 꽃 싹을 상상해 본 적도 없었다
어느 날 아침 눈에 띈 꽃 싹이다

앙상한 고목 가지에 붉은 꽃 싹이 돋아나 있다
오랫동안 정성으로 기다려온 한창 청년의 푸른 나무도
피우지 못한 붉은 꽃 싹을
회색 빛 앙상한 고목 가지에서 오늘 본다
유난히 따사로운 아침이다.

거장과 어른

그 절대 신사 예술가는
젊은 여제자의 청순한 애착에도
기다리는 유혹에도
굽히지 않는다
지고의 예술을 위해
성스런 가르침만 줄 뿐이다
오랜 동반자와의 아름다운 의리를 위해
감정에 흐느적거리거나 유희를 즐기지 않는다
가식 없는
자연스러운 절제

설익은 것에 욕심부리지 않는 것
자신의 겸손을 지키는 것
소중한 사람의 의심과 걱정을
撫摩시켜 주는 것
오랜 적대감 앞에서도

제자를 위해 길을
안내해 줄 수 있는 것
그것과 결코 섞일 수는 없더라도
타인의 미래를 위해 선택권을 기꺼이
부여해 주는 것
혼자 되돌아 오는 길일지언정
마지막까지 기다려 주는 것
그들이 스스로 설 수 있다는 믿음 후
조용히 물러나는 것

성숙한 애정을
진정 어른을
고귀함을 보여 준

거장의 모습이었다.

솔직한 요리사

평화와 행복, 위안이 그의 곁을 떠나지 않았던 비결은
무엇에든 좋은 점을 느낄 줄 아는
타고난 선함과 낙천성
의미 있는 일을 하고자 하는 진지한 의욕
풍부한 독서와 명민함
그리고 나름 태연, 솔직한 우아함이 있었다

노 선배 작가의 출판실패와 그의 출판성공의 확연한
차이는
눈가림과 진지한 실행의 차이가 만든 결과이다

행복은 아무에게나 오는 것이 아니다
아무나 행복을 오래도록 곁에 둘 수 있는 것이 아니다.

참을 수 없는 참을 수 없는

가벼움

자신의 단점에 대한
거짓 대응
인간사 바닥을 파헤쳐 보지 않는
피상적 사고
典型이 되어 버린
편리 추구
안스러이 역겨운
핑계

실수否定

이들에게는 도대체
책임감이라는 것이 존재하지 않는다.

2008년

그는 성공하겠다는 결연한 의지로
빈틈없는 벽돌을 쌓아 올리며
굳게 무장되어 있었다

이기심은 강한 자기방어로
날카로운 손톱을 추켜세우고
한 치의 빈틈도 용납할 양이 아니다
독기 어린 매서운 눈빛으로 내 목이 어깨가 전신이
뻣뻣해졌다

구역질이 났다.

첫사랑

온종일 당신 생각 뿐

교실에서도휴식시간의 산책길에서도당신이 여기 함께 있었으면햇살은 이렇게 아름다운데... 아주 아름다운 포루투갈 城저녁 노을와인꽃향기당신이 몹시도 그리웠어요가슴이 울렁이면서

불행한 사람들

꿈을 만들 귀한 돈을
오물 버리듯 퍼 내 버린다
행복이 올 리 萬無하다.

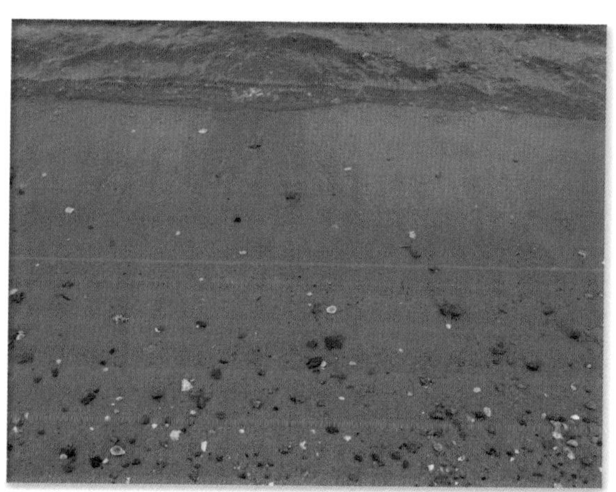

그들은 혼동한다

고발해야 한다
모든 종류의 인간 존엄성의 유린을
보이는 것은 물론
보이지 않는 것도 찾아내야 한다
그래서 타오르는 태양 아래 전시해야 한다
더 이상 숨김없이 바짝 마르도록
그래 바스라지는 가루가 되도록
바람에 흔적도 없이 사라지도록
이것이 그들의 의무이다 직무이다
방관이나 직무유기는 졸렬하다 나태하다
집어 치워라
신세대 먼지 같은 사랑놀음이나 할 바에는
집어 치워라
의무를 할 자신 없으면
집어 치워라
그러나 더 치졸한 건 구역질 나는 건

프로파간다

느끼한 참여를 강요하는 선전요원들

문학과 예술을 농락하는 괴물들

강요된 그들의 참여에 인권은 없다.

나긋한 침묵만큼이나 경직된 사고는

변화를 창조하지 못한다.

겨울 길목 신촌 2007

아침 공기가 싸늘하다
낙엽 타는 냄새와 함께
延大 상남관의 발코니
저만치엔 아득한 시간이 묻어 나는
회색 기와 지붕들
노랗고 붉은 나무들
여기 저기 수북이 쌓인 낙엽더미
어제밤 내린 잠깐의 함박눈 자욱이
초겨울 아침 모양새를 더해준다

겨울 길목 신촌의 아침
저만치 게스트 하우스의 굴뚝에서도
하얀 연기가 아침 햇살을 가른다
눈이 부시다
이제사 들려 본 이곳의 아침이

이토록 다정한 줄
미처 몰랐다

이십 년 만이다.

高雅誕生

아름다운 마음은
깊은 사랑에서 존재한다
그를 위해 절실히 아름답고 싶은 것
간절한 사랑이 없는 자는
아름다움의 욕구가 없다
그래 善意 없이 無聊하거나
利己心으로 초라하다.

당당해지고 싶다

졸렬한 일은
외면하는

당당해지고 싶다
천박한 것들에
무관심한

당당해지고 싶다
그래서 좀 거만해 뵈도
감수하리.

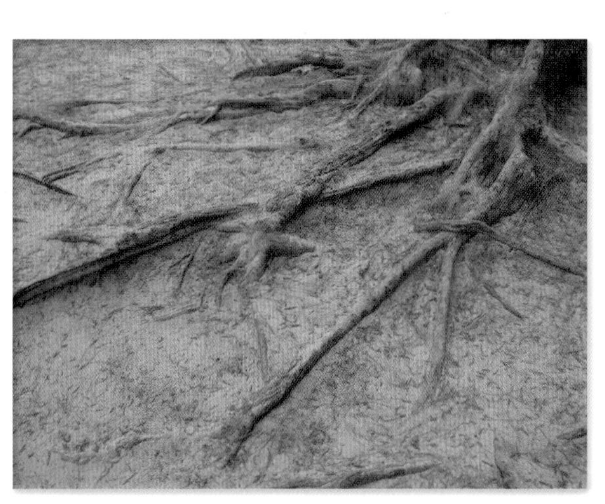

어느 생이 고달픈 이유

자기중심적이고 사소한 타인의 비판에 침묵하지
못 한다
최소한 倍로 앙갚음한다
불쾌는 더 큰 불쾌를 낳고
감정 싸움은 급기야 분명한 죄를 만든다
공식적 공격과 부상
최소한의 인간적 얼굴이 일그러진다
아귀다툼을 한다
티끌만큼의 동정도 사라진다

더 이상 아름다움은 없다

그 사람은 성공한 사람이라 했다
무엇을?

이왕 살려면,

인간 1
지지리 들볶는 사람이다
자신도 들볶고 남도 들볶는다
생각과 언행이 천박하기 이를 데 없다
돈 몇 푼에 체면을 판다
이미 바닥난 체면을
끝도 없이
지겹지도 않나!

인간 2
시원한 사고와 도전, 배짱이 매력덩이다
이왕 한세상 살려면 좀 이래야 되지 않을까
갑자기 그나마 존경스럽던
고전학자들이 답답해 보였고
지식인이라고 문화인이랍시고 아귀다툼에서
헤어나오지 못하는 우리 처지가 한심스럽고

내 不眠의 가해자인 치사스런 인간들의 작태가
악귀의 무덤 속으로나 던져버릴 것들이지
내가 움켜쥐고 있을 것들이 아니라는
불현듯 현명한 생각에
갑자기 웃음이 터졌다

통쾌했다
그의 존재가.

담痰

허리 아픈 지 한 달이 지났다
그냥 가끔 아픈 요통腰痛이려니 했다
두 달이 지났다 여전히
세 달째엔 아귀까지 말썽이다
불현듯 아귀통으로 고생했던 언니가 생각났다
그때 그녀는 고된 피로 누적이라 했다

고된 피로 누적이라

그래 아주 고되었었다
한 순간 순간이
한 마디 마디가
몸짓 하나 하나가
가슴을 으깨었었다

그 시간들이 어떻게 흘러 갔는지
까마득하다
숯덩이가 울득불득 치받는듯
심장이 울렁이는듯
가슴이 타는듯

痰이 들었단다
불편한 허리가
부교합된 아귀가
고된 피로 누적이란다
가슴앓이가
痰이 됐단다

痰이 들었단다.

人類의 課題

모든 종류의 독선을 경계한다
종교의
인종의
이념의
신념의
독선을 경멸한다

타인과 나름을
모든 것들의 다양성을 인정하지 않는 것은
파렴치한
천박이다
人類惡이다.

사랑할사람

체념과 행운

그가 결국 행복할 수 있었던 건
욕심을 버리고
질투로 피를 말리지 않고
자신의 감정에 순응하고
즐거움을 그대로 흡수한 것
낙천적으로
물욕에 덤비지 않고
넌지시 응시하는 무관심으로
기다릴 줄 알았던 것

주는 자가 오히려 애가 타도록.

어떤 상황

그가 그리도 착해졌다는 말을 듣고 의심도 갔지만 왠지 모르게 우울해졌다. 왜인지 곰곰이 생각해봤다. 잠도 오지 않았다. 처음엔 그냥 그런가 했는데 그래도 의심이 갔고 평생 지겹도록 독하게 살던 사람이 갑자기 천사처럼 착해졌다니 이상했다.
그는 결국은 원하는 직장에 들어갔지만 결코 현명하지도 착하지도 않았다. 오히려 한없이 미련했다. 그의 내심은 대부분 독기와 비열에 나는 그가 아주 불행하다고 생각했다. 그가 그리도 착해졌다는 말을 듣고 의심도 갔지만 왠지 모르게 우울해졌다.

다시 만나고 싶은 사람

나지막이 점잖은 자태의 경산

곱고 정갈했던 음식들

소박하고 예쁜 정원

그 안의 작은 돌길

선생님의 푸근한 환대

아름답고 따사로왔던 오후였어요.